Ulrich Schaffer
Verwegenes Hoffen

Ulrich Schaffer

Verwegenes Hoffen

Edition Schaffer im Kreuz Verlag

Für Renate Beyer in Jena.
Ich hoffe,
daß sich die Hoffnung
in dir und um dich
verwegen ausbreitet.

3. Auflage (15.–22. Tausend) 1991

Umschlagfoto: Ulrich Schaffer
Autorenfoto: Silya Schaffer
Umschlaggestaltung: Jürgen Reichert, Kornwestheim
Satz: Steffen Hahn, Kornwestheim
Druck und Bindung: Gebr. Röck, Weinsberg
ISBN 3 7831 1040 8

Verwegenes Hoffen

Beim Durchsehen der Gedichte, die ich in den letzten Jahren geschrieben habe, fiel mir auf, daß viele von ihnen von der Hoffnung geprägt sind. Sie feiern das Leben, und auch da, wo es schwierig ist, mühen sie sich, aus dem Schwierigen, Verfahrenen, Schmerzhaften etwas zu machen. Die Texte sind bestimmt von der Überzeugung, daß es tiefere Zusammenhänge gibt, die wir entdecken können, in deren Licht auch dem Negativen unseres Lebens noch etwas abgewonnen werden kann, oder daß sogar in dem Negativen die eigentliche Herausforderung an uns ergeht.

Hoffnung heißt für mich nicht, immer nur das Gute zu sehen und das Negative zu ignorieren. Es geht nicht um die Kraft positiven Denkens in diesen Texten. Hoffen heißt auch nicht, zu sagen „Es wird schon werden" und dann die Hände in den Schoß zu legen und zu warten, daß alles gut wird.

Hoffnung zu haben heißt zunächst, das eigene Bewußtsein zu verändern, vom Tod zum Leben überzuwechseln, auch in den subtilen Bereichen, wo wir durch unser Denken, Sprechen und Handeln Leben zerstören. Hoffnung ist eine Kraft, die Leben fördert. Die Hoffnung zu verlieren heißt, den zerstörerischen Kräften das Feld zu überlassen. Der Hoffende glaubt an die Möglichkeiten der Veränderung.

Zur Hoffnung gehört auch, sich auf das Leben einzulassen. Die Hoffende, der Hoffende verschließt sich nicht vor dem Leben, auch wenn es schmerzhaft ist. Die echte Hoffnung traut sich hinzusehen; sie schließt die Augen nicht, sondern sucht nach einer Möglichkeit, mit dem Schweren umzugehen.

Verwegenes Hoffen. In einer Welt, in der es viel Grund zur Hoffnungslosigkeit gibt, grenzt es an Verwegenheit, sich auf die Möglichkeiten zu konzentrieren und nicht auf die Unmöglichkeiten. Allein schon in unserer Welt zu hoffen, und damit dem Leben in seinen vielen Formen eine bessere Chance zu geben, ist ein Sieg.

Zur Dreiteilung des Bandes: Im ersten Teil geht es um das Wahrnehmen der Hoffnung, um die Deutung unserer Erlebnisse von der Hoffnung her. Im zweiten Teil habe ich versucht, den Weg der Hoffnung zu beschreiben, das Unterwegsbleiben. Der dritte Teil ist den besonderen Herausforderungen gewidmet – die Hoffnung kämpft immer wieder mit der allgegenwärtigen Verzweiflung. Ich hoffe, daß die Verwegenheit des Lebens gewinnt.

Ulrich Schaffer
Burnaby, British Columbia, Canada
im Februar 1990

Für die Visionäre,
die tiefer sehen
als die Oberfläche.

Für die Verzweifelnden,
die keinen Sinn mehr sehen
und doch nicht aufgeben wollen.

Für die, die die Erde lieben
und sich einsetzen, sie zu retten
durch die Veränderung
ihrer eigenen Gesinnung.

Der unbeirrbare Kurs

Deutlich

Deutlich
wie ein Kompaß,
der zitternd Auskunft gibt
und doch verläßlich ist,
der nicht täuscht
und nicht lügt,
so möchte ich sein,
wenn es darum geht,
die Richtung beizubehalten,
den unbeirrbaren Kurs
auf das, was lebt
und Leben spendet.

Aus dem Grashalm singe ich

Aus dem Grashalm singe ich mir entgegen.
Wenn ich seufze, ähnelt es
dem Rauschen der Kiefern
auf der Paßhöhe.
Ich spreche mit dem Schweigen der Grauwale
unter unzähligen Tonnen Wasser.
Wenn sich die Rose öffnet,
tönt meine Stimme aus ihrem Kelch.
Meine Stimme ist gelb
wie die eines ganzen Rapsfeldes.
Das strenge Alphabet der Ordnung
ist mein ängstliches Schweigen.
Hörst du mich im Warnruf des Eichelhähers?
Quarzig tönt meine Stimme im Hochgebirge.
Ich unterhalte mich in der Sprache der Wolken.
Hinter einem Baum überrasche ich mich
in den steifen Silben eines Farns.
Ich nehme Anteil an allem Lebendigen
und höre nicht auf,
in mir die ganze Welt zu finden.

Nicht alles ist Gott, aber in allem ist er,
und die Stimme, die er benutzt,
mag meine Stimme sein
im Zittern ihrer Ausweglosigkeit
oder deine im farbigen Glück
deiner erhörten Wünsche.
Nichts ist sprachlos.
Hören ist alles.

Mit meinem Bleistift

Ich lege der Blinden die Hand auf,
aber sie sieht nicht.
Vorsichtig halte ich die Beine des Lahmen,
aber er springt nicht davon.
Ich schreie und singe,
aber der Taube lächelt nur.
Lange konzentriere ich meine Liebe
wie einen Strahl Energie
auf die gebrochene Seele,
aber sie bleibt unerreichbar
in der Verlorenheit ihrer Welt.

Ich nehme meinen Bleistift,
und manchmal, manchmal,
wenn es ein glücklicher Tag ist,
findet der Sprachlose
so eine Sprache.

Vielleicht wird es schwieriger

Vielleicht wird es schwieriger,
aber noch landen die Schwäne
auf dem offenen See.
Noch wird aus dem Korn weißes Mehl
und blüht zu Brot.
Noch dreht der blaue Planet
sich durch seine Lufthülle,
noch atmen wir.

Was wir spüren,
ist die enge Stelle der Eieruhr.
Ehe wir die Weite betreten,
wird von uns alles Überflüssige abgestreift.

Noch fallen wir uns um den Hals
und meinen, was unser Körper spricht.
Noch gibt es Wale und Wölfe
und Menschen, die denken,
mit Geist und Seele.

Der Schmetterling erlebt
das Verlassen des Kokons,
wenn er ins Leben tritt,
als Sterben,
aber im Kokon weiterzuleben
wäre der Tod.

Ich will mich
dem Druck der Enge aussetzen,
um die Weite zu entdecken.

Den Schlüssel im Mund

Auf diesem grauen Hintergrund
gibt es Momente,
da spüren wir die Ordnung,
die unter uns liegt
wie ein Felsen.

Keine Todesordnung
in vertrockneten Buchstaben,
aber die grüne Leuchtkraft
des sich ausdehnenden Lebens.
Die Ordnung keimender Zellen.

Wir stehen auf Licht,
wir gehen auf Luft,
im Wasser ertrinken wir nicht,
und Feuer kann uns nichts anhaben.

Wir warten darauf,
das Haus zu beziehen,
von dem wir geträumt haben.
Wir haben den Schlüssel im Mund
und lachen.

Stille Wunder

Stille Wunder,
die unbeobachtet geschehen,
mit denen sich aber das Leben
kraftvoll ausbreitet:
das Entfalten
eines einzelnen Birkenblattes;
die Echtheit einer Frage
im Mund eines wißbegierigen Kindes;
die Erneuerung eines verölten Strandes,
den die Wellen mühsam rein waschen;
die Stille, in der wichtige Gedanken
Gestalt annehmen
und Veränderung vorbereiten.

Ich will der Hoffnung die Hand hinhalten,
sie füttern, sie pflegen,
sie fliegen lassen
in jede Ecke der Welt.

Es muß möglich sein

Es muß möglich sein,
daß ein Mann
von seinem Schlaf aufsteht,
das Fenster,
an dem er furchtlos gelegen hat,
aufstößt und tief durchatmet.
Es muß möglich sein.

Es muß möglich sein,
daß seine Frau hinter ihm
seinen Namen sagt
ohne die Angst, ihn zu verlieren
und nie wieder von ihm zu hören,

weil die große Maschine des Krieges
ihn verschlungen hat
mit seinen Gedanken und Träumen,
mit ihrer Zukunft,
mit Wohnung und Garten,
mit Kindern und Enkeln.
Es muß möglich sein.

Es muß möglich sein,
daß keine Kugel sie trifft
und ihr kleines Leben
nicht zerrieben wird
zwischen den gewalttätigen Tintenfingern
gesichtsloser Schreibtischmörder.
Es muß möglich sein.

Ich bin nicht nur der

Ich bin nicht nur der,
der denkt und Systeme baut.
Ich bin nicht nur der,
der Worte findet und sie schmiedet.
Ich bin nicht nur der,
der fühlt und Gefühle erhört.
Ich bin nicht nur der,
der plant und Pläne zerstört.
Ich bin nicht nur der, der redet,
mal überlegt und gemessen,
mal ohne Punkt und Komma.

Ich bin nicht nur der,
der ich bin.
Weil ich das weiß,
kann ich der sein,
der ich bin.

Eine Landschaft, die wartet

Du suchst eine Welt,
die der Welt entspricht,
die du ahnst.
Du willst sie rund und ohne Ende,
warm und tief,
und deine unwiderrufliche Heimat
in ihr.

Nimm die Wikingerschiffe
und die Segler alter Zeiten,
die Raumschiffe und Zeitmaschinen,
laß dich anheuern von Kolumbus,
Gagarin und Captain Kirk
und fahre in die weißen Stellen
deiner wartenden Seele.
Da entfaltet sich deine Schönheit
und erfindet Länder und Meere.

Jede Dimension ist nur ein Anfang.
Du siehst, was sich in dir tut,
du bist der glückliche Zuschauer,
wenn Gott sich in dir ausbreitet,
wenn er menschlich wird
und sich so seinen Traum erfüllt.

Das ist die Rundung der Welt.
Das ist die Rückkehr zur Heimat.

Entfaltung

Einen
großen Rahmen
bildet er,
eine Perspektive,
Fluchtpunkt und Ziel,
eine Ordnung, die nicht beengt,
einen Rhythmus, in dem Zeit genug ist
für die Entfaltung meines ganzen Lebens.
Eine Orientierung für den Grashalm,
für das Lied des Wals,
für die Supernova
und für den schönsten meiner Gedanken.
Die einzige Möglichkeit,
Osten und Westen,
oben und unten,
innen und außen,
Leben und Tod,
links und rechts zu verbinden,
ohne sie zu verbiegen.

Eine Verbindung zu allem, was zeitlos ist
und mich in sich birgt,
eine Nähe,
in der ich fern sein darf,
ein Sinn,
auf dem ich unsinnig sein kann,
das sind Gründe genug,
zu glauben,
daß es ihn gibt.
Gott.

Weidenkätzchen

Nachdem die Wege im Kopf
wieder alle zurückgelegt sind,
die Türen sich geschlossen haben,
die Wissenschaften nicht mehr ausreichen
und auf den Straßen
die Menschen wortlos kommen und gehen,
spätestens dann werde ich wieder,
wie schon so oft,
die Werkzeuge des Denkens glücklich ablegen
und nicht wissen, was ich sagen soll,
wenn du mich fragst, ob ich den Sinn
des Ganzen gefunden habe.

Aber es ist eigentlich auch egal,
weil draußen
die ersten Weidenkätzchen
silbern leuchten
und Sprachlosigkeit ansagen.

Einer für den anderen

Nicht jeder kann stehen wie ein Baum,
kiefernfest oder biegsam wie eine Birke.
Nicht jeder hat die Worte,
die die andern aufmerken lassen.
Nicht jeder hält den Schmerz aus,
gegen Wände zu laufen
und das kleine Stück Himmel
schrumpfen zu sehen.
Nicht jeder findet die Bilder des Lebens,
weder in der Nacht noch am Tag.

Wurzeln müssen sich durch Felsen bohren,
Zungen wurden sparsam vergeben,
im Schmerz fehlt genau das,
was man braucht, um ihn zu überstehen,
und Augen sind wie Vögel, die davonfliegen.

Es ist Zeit für die Stellvertretung.
Die Zunge des einen
muß die Worte für den anderen finden.
Ein Baum fängt für den anderen den Wind ab.
Vielleicht ist es möglich,
den Schmerz ganz altmodisch zu teilen,
um ihn tragbar zu machen.
Und wer sehen kann,
soll auf den Wellen des Lichts
die Bilder verteilen,
die die alltägliche Verirrung erleuchten.

Ungeahnte Verbindung

Irgendwo,
vielleicht weit weg,
für mich unerreichbar,
beginnt in einem Kopf,
mit dem Herzen verbunden,
die Freiheit zu sprießen,
die eines Mannes, einer Frau,
die nicht mehr der Angst nachgeben,
und die Zukunft hat wieder
eine Chance.

Und auch hier,
wo noch Schnee liegt
und Menschen ihre Liebe
aus Angst vor der Liebe verstecken,
wo das Wesen der Dinge und Menschen
sich immer noch vor dem Schein fürchtet,
auch hier
wird der Frieden tiefer,
und die Freiheit,
die schon längst ausgebrochen ist,
findet den Weg von den Lippen
in die zehn Finger,
in die Füße, in das Gewissen
und vielleicht sogar in das Herz
von einem von uns,
der nichts weiß
von dem Durchbruch weit weg.

Ich finde mich in der Welt

Ich kenne einen Baum
in den Lavafeldern bei Aiyansh,
British Columbia, der zwischen
scharfkantigen Steinen Erde sucht,
aus der er leben kann.

An der kalifornischen Küste
gibt es einen Stein, dessen Strata
wie die Schichten meiner Seele
angeordnet sind: dunkel, hell, dunkel.

Ich erinnere mich noch
an die Stelle im Teufelsmoor,
wo eine Eiche mutig
gegen ihr Umstürzen kämpfte,
als täte sie es für mich,
und verlor.

Es war fast Mitternacht,
als ich den scheuen Fuchs
zwischen den noch mannshohen Schneewänden
des Oberalppasses im Mai sah
und in ihm meinen Bruder entdeckte.

Auf Island
fehlte mir im Juli die Dunkelheit,
um das von mir wiederzufinden,
was ich im Licht verloren hatte.
Die Felsenspringer von Acapulco
warten auf eine hohe Welle,
ehe sie springen,
so wie ich auf meinen Mut warte,
bevor ich die unverständlichen Worte wage.

In der Wüste bei Green River, Utah,
sah ich meinen ersten Regenbogen bei Mondlicht
und roch feuchten Sage,
und bei klarem Himmel war die Welt endlos.

Gott und ich segeln in der Wolke
mit dem glühenden Rand
im grenzenlosen Vertrauen auf den Wind.
Die Wolke und unser Vertrauen
sind nicht fotografierbar.

Die Welt spiegelt mich wider.
Die zahllosen Bilder
mit ihrer Weisheit
bieten mir Heimat.
In den Bäumen und Steinen,
im Verhalten der Tiere,
in der Geborgenheit der Nacht
und der Herrlichkeit der Sonne
bin ich zu Hause.

Heimlich

Der Tag ist erfüllt mit Einfachem:
Ich leere den Briefkasten,
ich stelle die Heizung höher,
ein Geschäft ruft mich an,
ich kraule dem Kater
im Vorbeigehen das Fell,
ich füge Worte zu Worten,
ich schneide mir eine Schwarzbrotschnitte
und lege Käse vom Lac de la Gruyère darauf.
Alles ist so einfach,
daß ich es nicht wahrnehme.
Es geschieht.

Auch ich bin einfach,
so einfach,
daß ich auch mich übersehe.

Abends durchsuche ich den Tag
nach Ereignissen,
die bemerkenswert waren,
nach einprägsamen Eindrücken,
nach privaten Schlagzeilen,
die ich weitersagen kann,
finde aber nichts
und werde beim Suchen immer blinder,
während sich in mir
die heimliche Herrlichkeit des Alltäglichen
lautlos ausbreitet und mich verwandelt
trotz meiner selbst.

Alle Lösungen sind vorläufig

Alle Lösungen sind vorläufig.
Immer neu tut sich
die Unlösbarkeit der Welt auf,
und uns bleibt nur,
mit der gleichen Geschwindigkeit
unsere Hoffnung zu erneuern.
Der Verzweiflung
immer einen Schritt voraus,
uneinholbar für die Verachtung,
mit der wir uns selbst
das Grab graben,
in das wir lebendig fallen,
wenn wir nicht hoffen.

Abenteuer, anders

Nicht die großen Gesten,
nicht die weiten Reisen,
nicht die unglaublichen Nächte,
nicht die übertriebenen Filme
unserer verzweifelten Leidenschaft,
nicht unsere Herausforderungen des Todes,
nicht Russisch Roulette
oder die Besteigung des K2,
nicht unsere Namen in den Schlagzeilen,
nicht die Zerstörung der Ordnungen
oder die Aufhebung aller Grenzen,
nicht die zu bestaunenden Verrücktheiten
sind die Abenteuer,
für die man uns lieben wird
und die uns liebesfähig machen werden.

Aber das Lieben auf harter Erde,
unter den Opfern der Vernachlässigung
hier und am andern Ende der Erde;
das Ablehnen der Rache
nach der kleinen täglichen Zerstörung;
das Aufgeben des Besserwissens
im alltäglichen Gespräch mit der verletzten Frau,
die wegen ihrer Wunden nicht hören kann,
oder mit dem Mann, der nur weint,
um nicht hören zu müssen;
das Hand-Hinhalten oder der Zuspruch,
wenn schon alles abgeschlossen ist,
und die Ausweglosigkeit wieder übernimmt;
und das Verweigern aufzugeben,
wenn alle Wege zugewachsen sind,
das sind die Abenteuer ohne Zeitung,
die sich nur schwer erzählen lassen
an Stammtischen oder mit Farbdias.

Nicht die Ausnahmen machen das Leben aus,
sondern die Verwandlung des Alltäglichen.

Wenn es uns gelänge,
in der Erhaltung
auch der unscheinbaren Formen
des Lebens,
nicht in ihrer Gefährdung,
das Abenteuer zu sehen,
würde sich uns
eine ganz neue Welt auftun,
und wir wären gerettet
vor der Langeweile,
die uns verschlingt.

Ein Stück blauer Himmel

Verwurzelt in der Hoffnung,
sah er die Soldaten
ihre Waffen ablegen
und einander umarmen.
Für ihn war es nur eine Frage der Zeit,
Jahre, Jahrzehnte oder Jahrhunderte,
bis es geschehen würde.

Auch wenn er es nicht mehr sehen würde,
so hing seine Hoffnung
doch wie ein Stück blauer Himmel
über dem Schlachtfeld
und beschleunigte den Frieden.
Kein Moment der Hoffnung
wird umsonst gewesen sein.

In der Hand, die den Tee eingießt

Wenn sich
die kleinsten Handlungen öffnen,
beginnt die Verwandlung.
Du brauchst nicht mehr zu suchen,
weil es in dir ist.

Deine Hände sind gefüllt
mit Wundern.
Es verwandelt sich nichts
außer dir.

In dem Arm und der Hand,
die den Tee eingießt,
ist alles wiederzufinden,
was verloren war.

Spät abends

Es ist spät.
Aus dem Ende des einen Tages
schält sich ein neuer.
Aus der Ahnung
zimmere ich mir ein Boot
und segle davon.

In diesen Stunden
kann nur ich selbst mich stören.
Die Stille zieht ein,
damit ich meine Unruhe besser hören kann.
Das ist der Weg in die Ruhe,
die nicht die Stille vor dem Sturm ist.

Diese Zeit gehört mir
wie sonst keine am Tag.
Ungelesene Bücher beginnen zu leuchten.
Gedanken, die mich am Tag
nur flüchtig durchzogen haben,
gewinnen jetzt Farbe und Weite.
Ich höre Möglichkeiten anklopfen.
Namen tragen Hautfarben und grüßen mich.
Manche meiner Grenzen
machen mich glücklich,
weil ich innerhalb von ihnen
ein Meister sein werde.

Ich werde den Zerfall überstehen.
Die Erschütterung werde ich
in mich aufnehmen und verwandeln.
Um ein Winziges
werde ich der Erfüllung näherkommen.

Das Wagnis wird wichtiger sein
als der Sieg.

Auf dem Schreibtisch
dampft meine Tasse.
Ein Wort fällt mir ein,
dann noch eins.
Ich bin reich.
Einen Augenblick lang
fehlt nichts.

Schöner, herber Kampf

Daß ich das Glück
nicht an meiner Seite erwarte,
daß ich nicht mehr versuche,
festzuschreiben, was wild und frei ist,
daß ich im Suchen mein Finden finde,
daß ich segne
ohne den dunklen Hintergrund des Fluches,
daß ich begreife, bis in die Knochen,
daß ich freisetze,
ohne auch den dünnsten Faden zu knüpfen,
daß ich auf niemandes Kosten glaube,
daß ich mich im Ahnen ausbreite
wie in der zum Stoßen nahen Wirklichkeit,
daß ich leichter werde,
weil mein Leben an Gewicht gewinnt,
bis ich fliege,

das ist es,
was so schwer zu lernen ist.
Aber es ist auch
der schöne herbe Kampf,
mit dem wir unser Menschsein
aus dem Chaos herausschnitzen.

Der Weg ist es, der Weg

In dem Moment

Was ich suche,
wird genau in dem Moment des Findens
unauffindbar.
Was ich bete,
wird im Moment des Sprechens
unsagbar.
Was ich glaube,
wird in dem Moment des Glaubens
unwichtig.
Was ich sehe,
tritt im Moment des Sehens
in eine höhere Unsichtbarkeit ein.

Es ist immer der Moment,
der so überflüssig scheint,
der den nächsten Moment
überhaupt erst möglich macht.
Und um diesen Moment geht es,
weil ich in ihm die Zukunft erfinde.

Stille Bewegungen

Nicht grandios, nicht armselig,
aber menschlich sprechen, lieben, warten.
Den Helden ablegen
weil auch er am Ende
immer nach Opfern sucht,
die er retten kann.

Die großen Regungen weglassen,
ihre Lüge, ihr Vorübergehendes,
und die stillen Bewegungen wahrnehmen:
die Hand auf dem Arm,
die Bestürzung beim harten Wort,
das Licht in den Augen,
die Waghalsigkeit eines Gedankens.
Sich zur Trauer bekennen,
zu der Begrenzung, gegen die
keine Energie aufkommen kann.

Das Leben lebensgroß sein lassen,
nichts aufblasen, nichts verkleinern.
Die Illusionen
durch das eigene Leben entlarven.
Keine Schlagzeilen anstreben,
die Sprüche durchschauen
und entkräften
durch die tägliche Entscheidung,
zu wachsen.

Je mehr ich verliere

Je mehr ich verliere,
desto weniger muß ich verteidigen.
Ich rede von meinem Ruf,
meinen Lehren, meinen Einsichten.

Wo ich einmal stand,
stehen jetzt ausgetragene Schuhe.
Ich bin unterwegs in der Wüste.
In den Dünen finde ich
symphatische Spuren,
die manchmal so leicht werden,
daß sie verschwinden,
als hätte ihr Eigentümer
plötzlich das Fliegen gelernt.
Aber ich weiß,
daß es nicht plötzlich kam,
sondern eine jahrelange Übung war.

Mit jedem Verlust werde ich freier.
Darum schenke mir keine Theorien,
mit denen ich aus dem Leben fliehen kann.
Ich will hier bleiben
zwischen Grasbüscheln und unendlichem Sand
und mich an den Horizont verschenken.

Ich suche nicht mehr die Festigkeit
von früher.
Ich bin zufrieden, weniger zu wissen
und darum weniger verführen zu können
zu meinem Weg, der doch nur mein Weg war.

Fünf Arten zu lernen

1
Die Schuhe ausziehen
und über eine Morgenwiese gehen.
Die Erde frischer Maulwurfshügel
zwischen den Zehen spüren.
Die Augen schließen
und trotzdem die Wolken
über sich sehen.

2
Denken
mit allen Fasern,
durch die Schmerzen hindurch
und über sie hinaus,
bis der Kopf klar wird
und nichts mehr zu denken hat.

3
Den eigenen Namen vergessen,
das Alter, die Verdienste.
Gerade geboren sein,
die Augen aufmachen,
die Welt sehen,
die es noch nie gab
und die es nie wieder geben wird.
Die Flut der Eindrücke erlauben,
nichts einordnen.

4
Hoffen
wie ein Verzweifelter in der Wüste,
hoffen wie die Wüste selbst,
hoffen gegen den endlosen Sand,
gegen die Finsternis
endgültiger Feststellungen,
gegen die Spuren, die im Sande verlaufen,
gegen die Kälte unnötiger Trennungen,
hoffen,
bis eine Oase entsteht
mit fleischigen Früchten,
an klarem Wasser.

5
Eine Biene
in einem Blumenkelch werden
oder das Herz im Bruder.
Mit den Augen des Feindes sehen.

Endlich die Perle werden,
für die Gott alles verkauft,
um sie zu erwerben.

Bedingungslos von innen leben.

Ein Rest Geheimnis

Nie
werde ich
mit Sicherheit sagen können,
was die Dinge den Dingen sagen,
warum das Licht
den wandernden Menschen überfällt,
innen und außen,
woher der Blitz kommt,
und wie er den Baum erwählt,
der unter ihm birst.
Und nie weiß ich,
endgültig,
wer ich bin,
obgleich ich in mir wohne
seit langem.
Nie kenne ich die Tanne
vor meinem Haus ganz,
ihre innere und äußere Gestalt,
immer bleibt ein Rest Geheimnis.
Auf dem ist alles aufgebaut,
was uns wertvoll ist.
Daraus erwächst das Wunder,
an dem wir Wunder werden.

Plötzlich

Manchmal ist es nur
ein Geruch,
ein Wort, eine Farbe,
der Lichteinfall durch ein Fenster,
und plötzlich weiß ich,
daß es gut ist,
daß es gehen wird
trotz der Mühe
und Einsamkeit,

als wäre in dem Moment
eine Knospe aufgesprungen
und ein schwarzer Knoten gelöst.

In den Computer eingespeichert

In den Computer eingespeichert,
liegen deine und meine Anlagen,
deine Verwegenheit, meine Zwiespältigkeit,
unser beider Hoffnung angesichts des Zweifels,
deine Vermessenheit, meine Ungeborgenheit.

Und mit dem Druck auf die Taste
sagt der Computer uns,
daß du nicht zu mir paßt
und ich in deiner Seele
zu wenig Raum habe,
und wenn wir wollen,
druckt er es auch aus,
schwarz auf weiß,
Pünktchen an Pünktchen.

Wir aber werden
den Computer Lügen strafen,
nicht zum Trotz,
sondern mit unserer stillen Entschiedenheit,
weil wir wissen,
daß er nicht glauben kann
und die Erfinder des Programms
ihre Hoffnungslosigkeit
mit einprogrammiert haben.

Mit meinem Zeigefinger

Wenn ich mit meinem Zeigefinger
an deiner Wange entlangfahre,
ziehe ich eine unsichtbare Linie,
ich streiche mit meiner Seele
an deiner entlang.
Was der Finger tut,
geschieht viel weiter innen.

Auch nach Jahren
ist diese Handlung von Tag zu Tag
nicht dieselbe.
Immer wieder bewohnt ein anderer Geist
meinen Finger.
Bepackt mit Enttäuschungen,
Erfolgen, Verlusten und Hoffnungen,
wird mein Zeigefinger
immer älter
und,
hoffe ich,
verständnisvoller.

in mir das vertrauen
das wie ein acker ist,
braunschwarze erde unter allem
furchen die leben ankündigen,
daß sich wie ein atem
in der fähigkeit, ~~und~~ sich unaufhaltsam
in das weiche hineinbegibt
und der stärke
die bilder der hoffnung zeigt,
damit jeder tag eine herausforderung
und nicht nur versagen ist

ich gehe über den acker,
über das feld in mir
und erlebe mut
der nicht nach den sternen greift
aber immer neue bilder entdeckt
für den fortgang
des gebrechlichen lebens.

11. februar 1990 19^{30}

In mir ~~das~~ ist Vertrauen,
~~das~~ wie ein Acker ~~ist~~, gepflügter
braunschwarze Erde unter allem,
Furchen, die Leben ankündigen,
das ~~sich~~ wie ein Atem,
unaufdringlich, doch unaufhaltsam
~~in~~ das Wesen ~~hineinbegibt~~ durchströmt
und der Seele
~~di~~e Bilder der Hoffnung zeigt,
damit jeder Tag eine Herausforderung
und nicht nur Versagen ist.

Ich gehe über den Acker,
über das Feld in mir, ich bin angeschlossen
und erlebe Mut,
der nicht nach den Sternen greift,
aber immer ~~neuer Bilder malt,~~ an der Kraft
für ~~den Fortgang~~ die Ausbreitung
des zerbrechlichen Lebens.

11. Februar 1990 19.30

Ich spüre in mir
~~In mir ist~~ Vertrauen,
wie ein gepflügter Acker,
braunschwarze Erde unter allem,
Furchen, die Leben ankündigen,
das wie ~~ein~~ Atem,
unaufdringlich, doch unaufhaltsam
das Wesen durchströmt
und der Seele
Bilder der Hoffnung zeigt,
damit jeder Tag eine Herausforderung
und nicht nur Versagen ist.

Ich gehe über den Acker, über Schollen und Krumen
über das Feld in mir,
ich bin angeschlossen ~~an die Tiefe~~
und erlebe Mut, ~~aus der Tiefe~~
der nicht nach den Sternen greift,
aber immer wieder Raum schafft
für die Ausbreitung
des zerbrechlichen Lebens.

11. Februar 1990 19.30

Ich bin angeschlossen an die Kraft,
die aus der Tiefe der Erde kommt.
ich werde von einem Mut belebt,

Angeschlossen an die Kraft der Erde

Ich spüre Vertrauen in mir
wie einen gepflügten Acker,
braunschwarze Erde unter allem,
Furchen, die Leben ankündigen,
das wie Atem unaufdringlich,
doch unaufhaltsam das Wesen durchströmt
und der Seele Bilder der Hoffnung zeigt,
damit jeder Tag eine Herausforderung
und nicht nur Versagen ist.

Ich gehe über den Acker,
über Schollen und Krumen,
über das Feld in mir,
ich bin angeschlossen an die Kraft,
die aus der Tiefe der Erde kommt.
Ich werde von meinem Mut belebt,
der nicht nach den Sternen greift,
aber immer wieder Raum schafft
für die Ausbreitung
des zerbrechlichen Lebens.

Mich nicht verwechseln

Mich nicht verwechseln mit dem,
den die andern in mir sehen:
revolutionär, konservativ, gläubig, frech,
anders, frei, fromm, verloren.

Alle Bilder ablehnen,
um jeden Tag als einen Tag,
jede Stunde als eine Stunde,
jeden Gedanken als einen Gedanken
und jede Handlung als eine Handlung
zu sehen und zu erleben
und ihnen nicht die Fremdheit
fremder Bilder überzustülpen,
in denen auch ich mir selbst
fremd werde.

Den Moment
nicht anbinden an Vorstellungen,
ihn nicht verkaufen an Erwartungen,
ihm treu bleiben in seinen Veränderungen,
damit auch ich mir treu bleibe
in meinen.

Ich gehe immer auf Gott zu

Ich gehe immer auf Gott zu.
Wenn ich zum Essen gehe,
wenn ich mich schlafen lege,
wenn ich nicht an ihn denke.
Gerade dann.

Manchmal will ich nicht auf ihn zugehen,
will mich verweigern.
Das ist dann für diesen Tag,
meine Art, auf Gott zuzugehen.
Ich habe es nötig.

Manchmal laufe ich davon,
weil ich nicht weiß,
wer Gott ist und was er will.
Dann steht er plötzlich da,
wenn du mir begegnest.

Ich denke an Umwege.
Oft ist nichts direkter als sie.
Ich bin dankbar,
daß ich mich verlaufen habe
und niemand mich gefunden hat.

Manchmal denke ich,
daß nichts Gott so ehrt
als ihn zu vergessen,
weil er keine Sonderstellung will
und so selbstverständlich dazugehört,
weil er im Blut lebt.

Nur geflüstert

Nur geflüstert
stimmt, was du
sagen willst.
Ein anderer Ton wäre Lüge.

Traue dir zu,
gehört zu werden,
auch wenn du
nur Flüstern bist.

Sei du
die angestimmte Stille
in dir.
Verlaß sie nicht.

Laß die andern
sich anstrengen,
wenn sie *dich* hören wollen.
Mute ihnen deine Zartheit zu.

In Sehnsucht

In Sehnsucht strecken wir uns aus
nach dem Licht,
in dem wir leben könnten,
uns selbst treu
und frei von jeder Gewalt.

Wir spüren die Dunkelheit,
in der wir uns verirren
und verrückt werden vor soviel Enge.

Wir rufen und schreien
und vergessen dabei
die Sonne in uns.

Handlungen der Hoffnung

Auf der Straße wartest du
auf die Erscheinung,
die dich retten könnte,
und bist doch nicht enttäuscht,
wenn die Stadt im Grau versinkt.

Die Bücher auf den Regalen
kehren dir alle den Rücken zu,
aber du nimmst sie nacheinander in die Hand,
wiegst sie und hoffst,
daß eins die Schwere hat,
um es mit deiner Not aufzunehmen.

Du telefonierst noch einmal,
(ist es zum hundertsten Mal?)
und stellst dir vor,
daß der Weg zu deinem Freund
noch nicht zugewachsen ist,
daß deine Stimme eine Brücke sein kann.

In deinen Träumen wartest du
auf das Bild,
das dir Flügel geben würde,
und wenn es nicht kommt,
gibst du doch das Träumen nicht auf.

Du schickst deine Franken,
deine Dollars und Mark
für Brunnen, Korn und Würde
in ferne Länder und entdeckst,
wie klein die Welt ist.

Zwischen deinen Gedanken suchst du
nach dem einen Gedanken der Erlösung
mit der Ausdauer, mit der man
alles Verborgene sucht,
weil es das eigene Leben ist.

Du reichst deine Hand,
wo es nicht mehr erwartet wird,
du findest Worte,
die das kalte Schweigen aufheben.
Du hörst zu, hörst und hörst,
bis sich der Sprecher selber hört
und versteht.

Du vertraust dich der Stille an,
erlaubst ihr, sich weit auszubreiten,
und weißt, daß sie dir hilft,
in dir selbst Heimat zu finden.

Ständig entfaltet sich die Welt

Ständig entfaltet sich die Welt,
die ich nicht kenne.
Alles wird größer, wächst,
nimmt zu an Detail,
während ich zuschaue,
Wege ahne, Gründe entdecke,
Worte sage, die mich selbst überraschen,
und immer wieder erstaunt feststelle,
daß ich einen Platz
in der Entfaltung habe.

Mit Gewißheit,
als lebte die Welt
von einem unsichtbaren Ziel her,
geschehen Abläufe,
in denen diese Ziele
sekundenlang aufblitzen,
mitten in den Zufällen,
die mich manchmal blind machen,
weil ich Angst habe,
einem gefühllosen Universum
ausgeliefert zu sein.

Überraschbar bleiben

Den Glauben bilden:
aus einer frei segelnden Wolke,
die sich auflöst;
aus dem Gespräch,
in dem die ganze Welt
zugegen ist und wir sie
mit den Händen berühren können;
aus dem Ernst des Friedenskämpfers
und aus seiner Trauer;
aus dem Krokus,
dem der Sommer zu warm ist;
aus der Ahnung des Sterbenden
und der Ahnung der Lebenden.

Und dann
keine Lehre daraus machen,
keine unterschreibbaren Glaubenssätze,
keine Erwartung an die Wiederkehr
dieser Dinge knüpfen,
sondern überraschbar bleiben.

Verwegen

Verwegen
gebe ich mich
den Lebenszeichen hin
wie einer,
der ein eingestürztes Haus abhört,
weil er nicht bereit ist anzunehmen,
daß darunter nur Tod ist.

Mit einem Ernst,
der immer dichter wird,
verbiete ich mir die Auswege
in lässige Lösungen.
Sonst gelingt nicht,
den Stein wegzurollen
vom Grab der Welt.

Weniger mit lodernden Feuern,
eher mit entschiedener Glut
hoffe ich.
Unter der Asche
hält sich die glühende Kohle
bis zum Morgen.
Bist du ansteckbar?

In meiner Hand
wird am Ende jeder Stein
meine Hautwärme annehmen,
und ich kann ihn herumreichen,
den Hoffnungsstein.
Von Hand zu Hand verbreitet er Wärme
und bleibt selbst warm.

Immer weniger

Es gibt immer weniger zu behüten,
aber das wenige schütze ich
mit ganzer Kraft.
Ich bin dabei,
mich zu verkleinern,
weniger zu wissen,
unvollkommener, suchender zu sein,
herber und salziger zu werden.

Nicht mehr
von Himmel oder Hölle zu reden,
nicht in Schwarz oder Weiß zu teilen,
sondern Mensch zu sein,
durch und durch,
hier und jetzt.

Gottes Versteck

Stück um Stück
entdecke ich meine Einsichten.
Es sind Muster und Relationen,
Rhythmen und Abläufe.
Hier und da blitzt Gott aus ihnen hervor
und will nicht genannt werden.
Es ist gut so, sagt er
und möchte unerkannt bleiben.

Ich tue ihm den Gefallen
und gebe den Einsichten
alltägliche Namen,
über die sich niemand ärgert.
Aus seinem Versteck
reicht Gott mir
vorsichtig die Hand
und schmunzelt.

So tauschen wir Plätze,
und die Welt ist offen
für uns beide.

Wir müssen nicht übereinstimmen

Wir müssen nicht übereinstimmen.
Du brauchst nicht an dir zu reißen,
dir kein Bein zu stellen, dumm zu sein
oder dumm zu tun,
zu glauben, was du nicht glaubst,
um mich zu finden.
Wenn du dich
auf dem Weg zu mir
verlierst,
findest du mich nie.

Und ich werde nicht
deine bunte Welt zu meiner machen,
nicht deine Trennungen
und Gewichtungen übernehmen.
Meine Falten laufen anders,
weil sie von anderen Erlebnissen
gezogen wurden.

Was uns verbindet,
ist der Kreis des Lebens,
der um uns blüht.
Gerade in der Spannung
wird die Wahrheit echt
und versprüht ihre Energie.

Alles ist ein Weg

für Kristin Becker

Die wilden Gedanken des Dichters
sind ein Weg.
Er lebt, was er schreibt.
Ich lebe, was ich lebe,
und finde keine Worte dafür.

Der Baum ist ein Weg,
der mich zum Skelett meiner Nerven führt:
Mein inneres Wesen hat die Form eines Baumes,
darum werde ich nicht müde,
mich in Bäumen wiederzuentdecken.

Gott ist ein Weg zu den Gottlosen,
denen das Leben am wichtigsten ist
und die darum mit ihrem ganzen Wesen glauben,
ohne es zu merken.

Du bist ein Weg
zu mir. Ich habe begriffen,
daß ich in dir entstehe,
in all meinen Verästelungen,
die sonst blutleer geblieben wären.

Die Ausweglosigkeit ist ein Weg –
ich lege die Reifen mit dem Profil an,
schalte auf Allradantrieb
und brettere durch die Unmöglichkeiten hindurch.
Hinter mir schließt sich der durchquerte Fluß
wie das Rote Meer bei Moses.

Ein Wort ist ein Weg.
Winzig ist seine Öffnung,
aber wenn ich erst drin bin,
weitet es sich aus
und wird ein ganzes Land
mit einer erstaunlichen Geographie.

Ein Tiefschlag ist ein Weg.
Ich gehe in die Knie,
liege auf dem Boden, schnappe nach Luft
und habe so auf dem direktesten Wege
einen Zugang zu meiner Verletzbarkeit gefunden.

Das Schweigen ist ein Weg.
Ich kann in alle Richtungen gleichzeitig gehen
und gelange doch über jede Richtung
zurück zu dem Schweigen in mir.

Was mich einmal faszinierte

Was mich einmal faszinierte,
ist jetzt wie abgelegtes Spielzeug.
Was mich anfeuerte,
ist jetzt nur ein zahmer Ruf
von der Seitenlinie.
Was mich begeisterte, hat sich entleert
und langweilt mich.
Was ich kaum erwarten konnte
liegt jetzt vergessen hinter mir.
Was unüberbrückbar schien,
ist eine geebnete Straße,
auf der ich Fußspuren hinterlasse.

Ich habe alles geliebt,
was ich überwunden habe.
Nur was ich geliebt habe,
konnte ich überwinden.
Es war sogar die Liebe
und das Feuer in den Situationen,
die mir halfen, sie zu überwinden.

Nur weil ich etwas wußte,
weiß ich jetzt um so mehr nicht.
Nichts ist so meine Chance
wie meine Unwissenheit.
Sie öffnet mir Türen,
die ich nicht kannte.

Nicht der Einäugige,
sondern der Blinde
ist König im Reich der Fantasie.
Weil er sieht, was sein könnte.

Geh

Geh.
Dir wird jemand begegnen,
der dir widerstehen wird. Bis aufs Blut.
Den nimm an.

Geh.
Du wirst dir begegnen.
Erwarte nicht, daß du dich kennst.
Sei ein anderer, nach Jahren.

Geh.
Es wird dich jemand umarmen
und dich nicht meinen.
Verweigere dich.

Geh.
Du wirst jemand treffen,
der voller Zurückhaltung ist.
Sieh darin die Umarmung.

Geh.
In deine Bewegungen fädeln sich
die Bewegungen der anderen ein,
und mit ihnen
wirst du den Tanz des Lebens
in dein Herz beginnen.

Lauf.

Worte fangen

Unbeholfen suche ich nach Worten.
Sie lassen sich von mir heute
nicht einfangen und zähmen.
Mehr als ein halber Satz
will nicht stillhalten.
Ich verliere den Faden,
ich finde den Weg
nach innen nicht.

Was ich auch schreibe,
es hat nichts
mit mir zu tun.
Bis ich entdecke,
daß ich es bin,
der leer ist.

Gefährliche Tage

Gefährliche Tage

Gefährliche Tage,
an denen nichts passiert
als nur der unparteiische Zeitablauf
gegen die Hungernden.

Gefährliche Tage,
an denen ich vergesse,
wie gefährlich es ist,
in andern Ländern zu leben
und nicht weiß zu sein.

Gefährliche Tage,
an denen ich nicht mehr
das Ächzen und die Lautlosigkeit
der Folterwerkzeuge höre.

Gefährliche Tage
für den, der neben mir ruht
und nicht weiß,
wie gefährlich ich sein kann,
wenn ich unbeteiligt bin.

Lebensknoten

für Susanne Mühlemann

Die Lebensknoten,
an denen alles stillsteht
und der Saft nicht mehr fließt.
Wo sich die Nöte der Ausweglosigkeit auftun,
die Verzweiflung in dem Zweifel,
die Kopflosigkeit in den Entscheidungen,
die Härte der eigenen Ungnade.

Da verbinden wir uns die Augen,
da hören wir auf zu atmen
und sterben still weg
an unserer Unmenschlichkeit
mit uns selbst.

Kannst du die Knoten lösen,
deine verschüttete Liebesfähigkeit wieder finden
und aufwachen zu einem Leben mit dir,
ohne dich zu opfern
auf den fordernden Altären
schrecklicher Theorien?

Du hast es verdient, zu leben
zu dir hin, in dein Herz hinein,
zu dem uferlosen See deiner Seele
mit ihren Träumen und ihrer Sehnsucht,
zu der Schönheit deines Geistes.
Verjag dich nicht
von deiner eigenen Seite.

Santiago, Chile am 3. April 1987

Carmen Gloria Quintana legt ihren Kopf
an die Brust des Papstes in Santiago,
während um sie die Wasserwerfer der Polizei
und die Steine der Ohnmächtigen
sich unfaire Schlachten liefern.

Hier in Montreal
werden die Ärzte weiter versuchen,
ihr ein neues Gesicht zu geben,
aber die Erinnerung an Pinochets Militärs,
die sie und ihren Freund Rodriguez
mit Benzin übergossen und ansteckten,
die bleibt unauslöschlich in ihr.
Rodriguez ist tot.

Dagegen wird sie ein ganzes Leben lang
ankämpfen, anträumen und anglauben.
Immer dieselben Flammen
werden nach ihr lecken.
Nur die Liebe wird sie löschen.
Aber die Erinnerung muß bleiben,
besonders deine und meine,
damit es nicht wieder passiert.

Manchmal stemme ich den Tag

Manchmal stemme ich den Tag
wie ein Gewichtheber.
Ich will ihn hochhalten,
besonders wenn abends
die Dunkelheit einfällt
und das Bekannte anschwärzt.
Ich will aufhalten,
daß wieder ein Tag verlöscht
wie die rote Sonne im Meer.

Aber immer begräbt der Tag
mich unter sich.
Meine Muskeln sind zu armselig.
Doch habe ich noch meine Erinnerung,
die alles zueinander in Beziehung setzt,
so daß ich mich auch
im Dunkeln zurechtfinde
wie ein Blinder,
der seine Augen in der Seele trägt
für die Dinge,
die wichtig sind.

Bewußter

Über die Schuld
schreitet die Bewußtwerdung voran.
Die Toten bezahlen für
die Weisheit der Lebenden.
Aus der Zerstörung von gestern
wächst heute der Friede.
Aus dem Erschrecken vor uns selbst
kann Liebe entstehen.

Nur so ist das Sterben zu ertragen,
ringsherum und überall,
und noch lebendig zu sein.

Aber das kann ich nicht
den Campesinos in Nicaragua sagen.
Für die Toten in Bergen-Belsen
kommt diese Einsicht zu spät,
und für die Schwarzen in Südafrika
ist sie zu theoretisch.

Dann kann ich manchmal nur noch
die Schuld der Schuld sehen
und kenne das Gefühl, davonlaufen zu wollen.
Doch ich nehme mich überallhin mit,
meine weiße Haut und ihre Vorrechte.

Aber ich weiß,
daß die tiefste Form der Bewußtwerdung
die Liebe ist, und halte es so aus,
lebendig zu sein
in den schmerzhaften Begrenzungen.

Momente des Fliegens

Leben,
dieser Moment
zwischen unglaublichen Zeitfluchten
nach vorwärts und rückwärts,
gehalten von der Konzentration
auf den Glauben,
daß dieser Augenblick Bedeutung hat
und trotz seiner Schwerkraft
Momente des Fliegens erlaubt.

Die Bedrohung kommt von innen,
denn da setzt der Zweifel an,
in dem sich alles auflösen kann
in den schwarzen Löchern des Alls,
die schon Pascal erzittern ließen.

Verschlossen, offen

Manches öffnet sich uns nur,
indem die Welt sich uns verschließt.
Manche Türen widerstehen
jeder sanften und harten Art.
Für sie gibt es kein Zaubergebet.
Kein Held erscheint. Kein Engel.
Es ist nichts zu machen.

Nur die Ausweglosigkeit
öffnet den Weg.
Das Erschrecken stößt
der Wirklichkeit die Tür auf.
Die Spannung macht
das Unsichtbare sichtbar.
Das Unerträgliche verändert uns
und macht uns wieder erträglich.

Unsere Chance kommt gerade dann,
wenn wir meinen,
zu schwach zu sein,
um sie wahrzunehmen.
Jede Stärke stünde uns im Weg.

Das Gold der Erschütterung

Ich warte darauf,
daß dein Leben an Schwere zunimmt.
Sonst können wir nicht weiter reden.
Meine Worte wirken lächerlich,
leichtfertig spielst du mit ihnen Ball.

Erst wenn du gegen die Verzweiflung
verzweifelt gekämpft hast,
hat Sinn, was ich sage.
Vorher bin ich mir meiner Mundbewegungen
beim Sprechen sehr bewußt
und finde sie lächerlich,
weil ich sie mit deinen Augen sehe.

Worte wie Papiergeld
haben ihren Wert nur,
wenn sie gestützt werden
vom Gold der Erschütterung.

Mutig steil

Mutig steil steht der Falke im Wind,
verschwendet Energie
gegen die Wucht der Luft
und zieht so die Kraft auf sich,
die ihn zerstören könnte,
bis er plötzlich abwinkelt,
die Luftmauer durchbricht
und in sich die Begrenzung überfliegt,
als kenne er keine Regeln,
verwandelt von dem Widerstand,
den er an sich ertrug.

Wenn du…

Wenn du den Arm sinken läßt,
versteinert er.

Wenn du schweigst,
wird jemand verzerrt für dich reden.

Wenn du nicht gehst,
geht jemand, der dich nicht versteht.

Wenn du nicht zuhörst,
wird es bald nichts mehr zu hören geben.

Wenn du nichts spürst,
wird das Spüren bald nicht mehr zählen.

Wenn du nichts willst,
wächst der Pfad wieder zu.

Wenn du nicht hinsiehst,
wirst du bald blind sein.

Wenn du nichts tust,
zählt das Tun der anderen doppelt.

Wenn du nicht verstehst,
wird dich niemand verstehen wollen.

Wenn du die Augen schließt,
wird dich bald niemand mehr bemerken.

Wenn du nichts sagst,
werden andere an deinem Schweigen ersticken.

Wenn du dich nicht meldest,
wird jemand das schnell weitermelden.

Wenn du dich nicht auflehnst,
unterstützt du etwas.

Wenn du nicht mehr du selber bist,
bist du nicht mehr du.

Viele rechnen mit deiner Verfügbarkeit.
Zeigst du ihnen,
daß sie sich verrechnet haben?

Wenn du fliegen willst

Wenn du fliegen willst
und es nicht geht,
wenn du dich mit jedem Gedanken
fester in die Erde einrammst
und der Boden um dich blutiger wird
von deinem Tanzen um den Pflock,
wenn die Worte der andern
immer lächerlicher werden
und an dir vorbeirauschen,

dann wird immer weniger,
was du noch tun kannst,
dann gelangst du
an die eisernen Rationen in dir,
die du vergessen hattest,
dann spitzt sich alles zu,
Auswege sind blockiert,
die letzten Worte geflüstert.

Aber das hast du gewünscht,
ohne es zu wissen.
Du wolltest wissen,
was in dir ist
und was du dir wert bist.

Auch das ist Leben

Sie sammeln sich jetzt häufiger,
kommen unvermuteter.
Manchmal bin ich gerade besonders glücklich,
konzentriere mich vielleicht
auf den Blick aus dem Fenster
oder auf das Schälen einer Orange,
alltägliche, herrliche Tätigkeiten.

Oder sie kommen,
wenn mein Rücken steif wird
und ich schief gehen muß,
so wie ich vielleicht einmal gehen werde.

Wenn mir plötzlich auffällt,
daß ich fünfundvierzig geworden bin,
obwohl ich erst gestern
der zehnjährige Auswanderer
an Bord der Fairsea war,
dann gesellen sie sich dazu
und sehen mich manchmal
aus dem Spiegel an.

Oder sie kommen,
ohne sich an irgend etwas anzuhängen.
Auch ordnen sie sich nicht ein,
sondern bewegen sich
in überlegener Unabhängigkeit.

Die Gedanken ans Sterben.

Rumänien vor Weihnachten 1989

Manchmal finde ich nicht den Ort,
wo mir der Zugang
zur Welt der Hoffnungslosigkeit gelingt.
Ich lebe außerhalb der Zerstörung.
Sie geschieht in Ländern,
zu denen ich nicht reisen werde.
Ich sehe meinen Beitrag nicht.
Ich beobachte. Ich fühle mit.
Ich habe ein schlechtes Gewissen.

Ich finde nicht den Ort,
wo ich meinen Hebel ansetzen kann,
um vielleicht ein winziges Stück
der Welt aus den Angeln zu heben.
Ein reines Herz reicht nicht aus.
Meine Gedanken sind zu wenig.
Gott scheint viele Gebete nicht zu erhören.
Ich weiß zuwenig, um gerecht zu sein,
und zuviel, um nicht zu handeln.

Dann fliehe ich zu den Dingen,
die ich kenne. Ein stilles Gespräch,
eine Hand auf einer Hand,
eine Zeile aus meinem Herzen,
voller Dummheit und Weisheit in einem.
Ich halte es aus, ohne Antwort zu leben,
und spüre darin die Solidarität
mit einem namenlosen Menschen
in einer namenlosen Stadt,
halb um die Welt.

Ich lasse mich
von der einfallenden Dunkelheit überfluten
und spüre den Zyklus, zu dem sie gehört.
Ich behaupte mich, indem ich lebe,
ich atme gegen die Vernichtung an,
und ich liebe, so wie ich es verstehe,
in die endlose Bedürftigkeit hinein,
die sich jeden Tag um mich auftut.
Timisoara ist hier.
Reicht etwas von mir bis dort?

Die kaputten Angebote

Von allen Seiten
kommen die Angebote, nicht mehr zu trauen,
nicht mehr zu hoffen. Härter zu werden,
zu vernachlässigen, die Freude
nicht zu ernst zu nehmen
und auch nicht das Unglück.

Als Stein soll ich auf den Boden
des Baches sinken
und mich einschläfern lassen
von dem unbeteiligten Wasser.

Ich soll mich absichern,
ein Schloß an meine Seele hängen,
Zurückhaltung üben, als könne ich
verlorengehen in jeder Begegnung.

An schwachen Tagen
könnte ich das Angebot annehmen
und mich retten vor der Beteiligung,
einen Schritt aus der Welt tun,
einen Tagesverrat, eine Minutenuntreue.

Aber ich bleibe
und lasse mich lieber enttäuschen.
Lieber werde ich verraten,
als daß ich verrate,
indem ich nicht mehr traue.

So tauche ich aus dem Bach auf,
werde eine Welle, die fließt,
durchsichtig und farbig,
und an Steinen zerschellen kann.

Liebe Leserin, lieber Leser,

gerne informieren wir Sie über die aktuellen Neuerscheinungen in der „Edition Schaffer“. Der Prospekt enthält speziell für die Freunde des Autors unveröffentlichte Texte, Fotos und Informationen über sein Werk.
Wenn Sie sich für das Kreuz-Verlagsprogramm interessieren, schicken wir Ihnen aber auch darüber gerne Material zu.

Mit freundlichen Grüßen
Ihre
Edition Schaffer
im KREUZ VERLAG

Dieter Breitsohl
Verleger

Bitte
als
Postkarte
frankieren

Antwort

Edition Schaffer
im Kreuz Verlag
Postfach 80 06 69

D-7000 Stuttgart 80

Absender

Name, Vorname

Straße

PLZ/Ort

Beruf

Bitte schicken Sie diese Information auch an:

Name, Vorname

Straße

PLZ/Ort

Beruf

Bitte informieren sie mich

über die neuen Bücher

- ☐ aus der Edition Schaffer
- ☐ aus dem Kreuz Verlag zu den Themen:
  - ☐ Religion
  - ☐ Frauenliteratur
  - ☐ Psychologie, Psychotherapie, Psychosomatik
  - ☐ Bücher über Trauer, Sterben und Tod
  - ☐ Geschenk-Ideen Bücher aus dem Kreuz Verlag

Diese Karte entnahm ich dem Buch:

Ich bin damit einverstanden, daß diese Angaben gespeichert und automatisch verarbeitet werden.

Die ewige Wahl

An den Bergen und Tälern
in deiner Seele,
an den verzweigten Falten,
die vom Lächeln
und angespannten Warten
hinterlassen wurden,
an der Stille,
die der Postbote hinterläßt,
wenn er keinen Brief
für deinen Kasten hat,
an dem Abgrund,
der dich vom früher Geglaubten trennt,

kannst du sehen,
was vorbei ist
und doch immer wieder kommt.
Die ewige Wahl:
aufgeben oder weitermachen.

Es gibt mir Energie

Es gibt mir Energie, daß irgendwo
eine Mutter ihr Kind
in einer sprachlosen Tiefe versteht und liebt
und ein Vater
sich seinem erwachsenen Sohn
fragend zuwendet.

Es verändert mich,
daß ein Pflanzer jeden Tag
über dreitausend Bäume setzt,
die Sauerstoff für neue Generationen
herstellen werden.

Es gibt mir Kraft,
daß sich eine junge Frau
einsetzt für Wale und Robben
und ein alter Mann nicht aufhört,
Sorge zu tragen für die Armen anderer Länder.

Ich stehe in einem Netzwerk
von Handlungen und Gedanken,
sichtbar und unsichtbar,
mit denen die Welt erhalten wird.

Und wenn ich die Hand ausstrecke,
wenn ich nicht aufgebe
und gegen die Flut der Zerstörung liebe,
dann fördere auch ich Leben.

Nichts ist zu klein, zu unscheinbar.
Aus allerkleinsten Steinchen
setzt sich das Mosaik zusammen.
Das ist der kleine Plan,
der große Plan der Hoffnung.

Ein böses und ein gutes Auge

Du hast ein gutes und ein böses Auge.
Ich sehe beide an.
In mir vereinen sie sich
zu einem Ausdruck.

Sie passen zueinander,
und beide verlieren einen Moment lang
ihren Charakter und werden
zu Fenstern deiner Seele,
die ganz anders aussieht
und weder im Bösen noch im Guten lebt.

An mich glauben

An mich zu glauben,
wenn ich versage,
wenn ich daneben treffe
und von meinem Schatten überholt werde,
wenn plötzlich die Angst in mir
alles rot färbt
und ich erbärmlich werde,
dann an mich zu glauben…

wenn die andern
den Glauben an den Menschen verlieren
und damit auch an mich,
wenn sie die Zerstörungen aufzählen,
wenn das Mißtrauen wächst wie Unkraut
und der Zweifel mit seiner Sense
um sich schlägt, wild und scharf…

dann führen alle Wege von mir weg,
dann zerwerfe ich mich in den Spiegeln,
dann habe ich Sehnsucht nach Gott
und finde ihn
zu meiner Überraschung
in meinen Fehlern
als Zuwendung und Nähe.
Dann bin ich wieder da,
wo ich begonnen habe,
bin wieder bei mir,
weil Gott menschlicher mit mir ist,
als ich es bin.

Mein Lehrer

Mein Lehrer hat mir alles genommen,
woran ich mich halten konnte.
Wenn ich Zuwendung suchte,
schloß er seine Augen.
Auf einer langen Wanderung sah er,
wie meine Füße bluteten,
aber er hat nicht angehalten.
In seinem Haus gab er mir
das kälteste Zimmer
und ließ mich lange hungern.
Manchmal band er mich fest,
ohne Grund, eine Nacht lang.
Er quälte mich mit Gedanken,
an die er nicht glaubte.

So lernte ich entdecken,
was ich brauchte,
und gab es mir selbst.
Ich griff in eine Tiefe,
die ich nicht kannte.
Ich wurde der Lehrer,
sah mich an,
umwickelte liebevoll meine Füße,
machte ein wärmendes Feuer,
gab mir zu essen, band mich los,
schickte die Gedanken fort
und kam an
in dem Haus meines Lebens.
Ich hörte mich
und fand zu mir.

Weiter innen

Mich noch einmal,
weiter innen,
in mir zu finden,
geschälter, grüner,
vielleicht herber,
das ist mein Wunsch.

Nicht auf meinen Ursprung zu stoßen,
sondern auf mein Ziel.
Echter zu sein,
ohne die Fremdheit,
die ich aus Angst erlaube.
Kleiner zu sein,
weniger aufgeblasen mit der Luft,
die rausgelassen werden kann.
Hingehauchter wegen der Vorläufigkeit,
mit der ich
auf dieser dünnen Kruste gehe.
Verletzbarer, weil sich alles
auf Messersschneide abspielt.

Deine Augen rufen

Deine Augen rufen,
ebenso deine Stirnfalten.
Deine Hände rufen
ihre Finger einzeln,
manchmal in Gruppen.
Dein Mund ruft gerade dann,
wenn er schmal und verschlossen wird.
Deine Schultern rufen
in ihrem Hängen.
Deine Beine in ihrem Schritt
oder im Stand, Gewicht rechts,
Gewicht links, Gewicht rechts,
sie rufen, sie rufen.

An dir gibt es nichts,
was nicht ruft.
Könntest du dich klarer hören,
du würdest dir antworten.

Vorbei

Vorbei an dem aufwallenden Gefühl,
  ohne das du nicht leben konntest,
vorbei an den Stufen, die nur Stufen sind,
  an den Wegen, deren Ziele
  leicht erreichbar sind,
vorbei an den Zuständen,
  die an Komödien erinnern,
vorbei am Umgekrempeltsein im Glück,
  als gäbe es nichts anderes,
vorbei an der falschen Ernsthaftigkeit,
vorbei an dem Wissen und Wissen-Müssen,
vorbei an den Menschen,
  die sich festgebunden haben,
vorbei an den Büchern,
  die im Papier steckenbleiben,
vorbei an dem Anbeten und Sich-anbeten-Lassen,
vorbei an der künstlichen Zurückhaltung
  und dem geplanten Zögern,
vorbei an der Halbherzigkeit und Einäugigkeit,
vorbei am Ausprobieren und Ausprobieren
  ohne Entscheidung und Einsatz,
vorbei an den Formen, die vorbei sind,
  und an den guten Gewohnheiten,
  die leer sind,
vorbei an dem So-tun-als-Ob
  und der gut gelernten Unehrlichkeit,
vorbei an Zeichen und Wundern,
vorbei an der Flucht vor der Verantwortung
  und dem Weltende der Gefühle,
vorbei an dem guten und schlechten Gewissen,
vorbei an dem leblosen Nachahmen
  und dem gepflegten Verachten.
Vorbei an dem,
  was uns aufhält, Menschen zu sein.

Die Welt durchquerbar glauben
und sie erfinderisch durchqueren.
Entdecker und Erforscher sein.
Blinde die Blinden leiten
und Tote die Toten begraben lassen.

Die Kontinente dieser Halbherzigkeiten
hinter uns lassen,
weil hinter der Wölbung unserer Schädel
die Segler und Flieger warten
mit legendenlosen Landkarten
und mit dem Mut,
das neue Zeitalter anzubrechen,
mit der Sonne zu leben wie nie zuvor
und nicht im Schatten der Angst wegzusterben,
ohne gelebt zu haben.

Wie ein Text bei mir entsteht

„Die Metapher ist die größte Macht, die der Mensch besitzt. Sie grenzt an Zauberei und ist wie ein Schöpfungsgerät, das Gott im Inneren seiner Geschöpfe vergaß, wie der zerstreute Chirurg ein Instrument im Leib des Operierten liegen ließ."

Ortega y Gasset
spanischer Philosoph und Schriftsteller
(1883–1955)

Der sprachliche Vorgang ist für viele Menschen ein geheimnisvoller und gleichzeitig ein bekannter. Wir gebrauchen alle die Sprache, ob geschrieben oder gesprochen. Wir geben sie von uns und nehmen die Sprache anderer auf. Wir haben den Umgang mit Worten gelernt. Worte sind unser Medium. Wir lernen ihre Nuancen kennen, lernen sie besser zu gebrauchen und erleben das Glück, das richtige Wort zu finden. Ohne Worte wäre die Welt für die meisten von uns fast undenkbar.

Aber dann kommt jemand, der schreibt ein Gedicht, eine Erzählung, einen Roman oder ein Schauspiel, in dem der Leser einer Wirklichkeit begegnet, die er entweder bisher nicht kannte, oder die er in dieser Formulierung bisher nicht wahrgenommen hat. Etwas Neues entsteht, auch wenn der Schreiber bekannte Worte gebraucht, die der Leser selbst täglich verwendet. Was passiert da?

In den Jahren, seitdem ich schreibe, habe ich immer wieder Briefe bekommen, in denen mir Leser schrieben, daß durch gewisse Texte etwas Neues in ihrem Leben begonnen habe.

Nicht immer groß und aufregend, manchmal klein und unscheinbar und ab und zu auch mit weitreichenden Folgen. Seitdem ich diese Briefe bekomme, mache ich mir intensiver Gedanken über Sprache und ihre Fähigkeit, uns unsere innere und äußere Welt zu erschließen, uns zu uns selbst zu führen.

Ich schreibe häufig nachts. Wenn meine Familie zu Bett gegangen ist und die Anrufe meiner Freunde und Verlage von Europa, das neun Stunden voraus ist, gekommen sind, dann ist das Haus ruhig, der Tag liegt hinter mir, und in mir beginnt sich etwas zu regen. Eine Wirklichkeit in mir will sich bemerkbar machen. Durch Worte und Wortbilder versuche ich an diese Wirklichkeit zu gelangen.

Manchmal lege ich mir etwas Musik auf, ich höre gern ruhige, meditative Musik, höre in mich hinein und versuche Worte zu finden, die das Diffuse in mir konkreter machen können. Ich habe nichts anderes als diese Worte. Aber die Worte sind ja nicht nur nackt und nur eine Reihe von Buchstaben. Jedes Wort kommt mit einem fast unendlich großen Umfeld. Jedes Wort bringt eine Vielzahl von Bildern mit sich. Jedes Wort ist ein Bild. Manchmal ist ein Wort hundert Bilder wert.

Dann beginne ich zu schreiben. Oft ist es zunächst nur ein Wort oder ein halber Satz, den ich zu fassen kriege. Ich hoffe, daß den ersten Worten andere folgen werden.

Wenn die Zeit richtig ist und es geschieht, dann kann ein Gedicht in zwei oder drei Minuten fertig sein. Ist das Gedicht in mir nicht „reif", dann kann ich eine Stunde vor dem Papier sitzen und es passiert fast nichts. Weil die Welt in mir, die ich versuche zu verstehen, eine bildhafte ist, suche ich nach Wortbildern, die dieser Welt entsprechen. Ich mag traurig sein, aber das Wort „traurig" trifft meinen Zustand nicht genau. Ich muß weiter suchen und versuchen, etwas Passenderes zu finden. So mag ich vielleicht eine Landschaft beschreiben. Vielleicht die Landschaft, die vor meinem Fenster liegt. Ich habe das große Glück, von meinem Arbeitszimmer auf einen Fjord des Pazifik zu sehen. Ich beschreibe die zunehmende Dunkelheit, die sich auf das Wasser und die Berge auf der anderen Seite des Fjordes legt. In der Beschreibung hoffe ich, daß die Worte Platz machen für eine Sensibilität, eine Wirklichkeit, die weit über die beschriebene Abendstimmung geht. Aus der Beschreibung wird ein Gedicht, das meinen inneren Zustand einfängt, ohne vielleicht auch nur einmal das Wort „traurig" zu gebrauchen. Wenn ich meine innere Wirklichkeit dann in dem Text, der vor mir auf dem Papier steht, wiederfinde, weiß ich, daß das Gedicht für mich gelungen ist. Ich bin an mich selbst herangekommen, habe mich ein kleines Stück mehr gefunden. Wenn das Gedicht in reiner Beschreibung steckenbleibt, wenn es nur Worte auf dem Papier sind, dann weiß ich, daß ich weiterarbeiten muß.

Meine Hoffnung ist aber auch, daß dies nicht nur einen Zustand in *mir* beschreibt, sondern daß die Bilder und Aussagen so gesetzt sind, daß sie einen möglichen Leser berühren. Es gibt ja viele Gedichte, die nichts in uns auslösen. Wenn wir sie lesen, sagen wir: Na und? Wir sind nicht berührt, wir lernen uns nicht besser kennen. Wenn es allen Lesern mit dem Gedicht so ginge, dann wäre es wahrscheinlich sinnvoll gewesen, das Gedicht unveröffentlicht zu lassen. Es mag ein privates Gedicht sein, weil die Beschreibung zu verschlüsselt ist und im Leser Frustration anstatt Erleuchtung auslöst. Dann fühlt sich der Leser betrogen oder, was noch schlimmer ist, von oben herab behandelt. Er meint dann, zu dumm zu sein, dem Dichter folgen zu können. Die Worte verdecken und machen nicht sichtbar. Sie sind Chiffren, die nicht zu entziffern sind. Moderne Lyrik ist vielfach so und wird darum auch so wenig gelesen. Ich kann die Frustration des Lesers nachempfinden. Andererseits ist es natürlich nicht möglich, so zu schreiben, daß jeder Text jedem Leser von uns eine Erkenntnis vermittelt. Dazu hat jeder von uns eine eigene Geschichte.

Es gibt bei mir Zeiten, in denen sich etwas in mir anzustauen scheint. Dies passiert meistens dann, wenn ich wenig Zeit und Ruhe gehabt habe, um in mich zu hören. Irgendwann ist es dann nötig, mir Zeit zu nehmen und auf mich zu hören. So kann es geschehen, daß ich innerhalb von einigen Stunden fünf oder sechs, manchmal sogar noch mehr Gedichte schreibe. Es fließt. Dabei mag es sogar Texte geben, die ich selbst nicht voll verstehe. Sie geben mir Nachricht von mir selbst, und ich will diese Nachrichten verstehen lernen. Sie sind wie Meldungen aus dem Unbewußten, Träumen nicht unähnlich. Die Texte haben ihr eigenes Leben und darum auch ihre eigene Daseinsberechtigung. Ich vermute, daß mein Schreiben zu diesen Zeiten auch ein stark therapeutischer Vorgang für mich ist. Ich glaube an eine heilende, innere Weisheit, die zu Wort kommen will. Diese will ich respektieren.

Manchmal hält dieser Zustand auch an. So erlebte ich in den ersten 3½ Monaten 1988 eine Überschwemmung von Gedichten. Im Januar schrieb ich 54, im Februar 15, im März 12 und in den ersten 13 Tagen des April noch mal 15 Gedichte. Dann war es schlagartig vorbei. In den nächsten sieben Monaten gelang mir kein Gedicht, obwohl ich es immer wieder versuchte. Es fiel mir sogar schwer, zu verstehen, wie mir die anderen fast hundert Gedichte gelungen waren. Der Januar und Februar 1990 waren ähnlich. Im Januar schrieb ich 83, und im Februar sind es jetzt schon fast 50 Gedichte geworden. Ich bin gespannt, was der März bringen wird.

Die erste Fassung eines Gedichtes ist dazu da, erst mal alles herauszulassen, damit überhaupt die

Richtung, die vorläufige Gestalt eines Textes, einer inneren Welt, sichtbar wird. Manchmal überrascht mich ein Gedicht. Ich weiß nicht, warum sich dieser Gedanke nach vorne gearbeitet hat und jetzt gestaltet werden will. Aber ich nehme ihn ernst und damit mich und mein Innenleben.

Dann geht es ans Überarbeiten. Selten ist ein Gedicht gleich fertig. Ich glaube zwar an Inspiration, woher sie auch kommen mag, aber ich weiß auch, daß Schreiben viel mit Arbeit zu tun hat. Ich muß mich um die Sprache mühen. Es passiert nur wenig von selbst. Ich probiere Worte und Bilder aus und vergleiche sie immer wieder neu mit dem, was in mir zu Wort kommen will, bis ich den richtigen Ausdruck gefunden habe. Ich verstehe darum das Schreiben auch als Handwerk. Die Sprache, die die Bilder und Metaphern schafft, ist ein Medium wie die Farbe für den Maler. Sie soll das transportieren, was ich in mir trage, sie soll sichtbar machen, was ich selbst nur unklar sehen kann. Um die Sprache so gebrauchen zu können, ihr das abzuluchsen und abzulieben, ist es nötig, eng mit ihr befreundet zu sein. Ich muß wissen, was gewisse Worte auslösen, muß ihr Umfeld kennen, ihre Nuancen, ihre Veränderung in der Kombination mit anderen Worten. Ich spüre manchmal eine nahezu erotische Beziehung zur Sprache. Ich liebe einzelne Worte, Kombinationen von Worten und Wortbilder. So gewinne ich die Sprache für mich, und sie öffnet mir die Welt. Günter Eich hat einmal von sich gesagt: „Ich bin Schriftsteller, das ist nicht nur ein Beruf, sondern die Entscheidung, die Welt als Sprache zu sehen."

Ich merke auch nach über dreißig Jahren Schreiben, wieviel ich da noch zu lernen habe. Manchmal möchte ich zurück zu ganz einfachen Worten, zu Substantiven wie das kleine Kind, daß die Namen der Dinge um sich herum aufzählt und glücklich dabei ist. Manchmal meine ich, noch in den Anfangsstadien im Umgang mit der Sprache zu sein.

Bei der Überarbeitung gibt es für mich drei wichtige Kriterien. Ehrlichkeit im Sinne von Echtheit ist für mich am wichtigsten. Es geht mir nicht um schöne Zeilen, nicht um Metaphern, die durch ihre Neuheit blenden, oder um spritzige Bilder. Ich achte immer wieder darauf, daß sich das Handwerk nicht verselbständigt. Das Handwerk soll Hilfestellung leisten und nicht zum Zentrum werden. Ein Gedicht ist ehrlich, wenn es nicht beeindrukken will. In dem Sinne habe ich schon so manche nur schöne Zeile weggestrichen, weil sie auf Applaus aus war und nicht zur Aussage eines Gedichtes beigetragen hat.

Ein weiteres Kriterium ist die Offenheit. Ein Gedicht ist zunächst es selbst, eine Reihe von Bildern und Gedanken, aber dann muß es auch über sich selbst hinausweisen auf eine Welt, in der unendlich viel noch offen ist. Das offenendige Gedicht läßt Raum für den Leser. Er kann die eigene Welt drin finden, und das ist wichtig. In dieser Kategorie habe ich noch zu lernen. Ich schreibe noch zu viele Gedichte, die zu „wissend" sind, die dem Leser genau sagen wollen, wie er etwas zu sehen hat. Ihnen fehlt die Offenheit. Das hat sicherlich mit meiner religiösen Erziehung und Entwicklung zu tun. Früher meinte ich genauer zu wissen, wie alles zu sein habe, und wollte es anderen weitergeben. Das trage ich noch in mir, lerne aber es langsam abzulegen.

Ein drittes Kriterium: Ich erlaube mir nur das zu schreiben, was ich auch bereit bin zu leben. Ich möchte in meinem Schreiben nicht wunderbare Theorien aufstellen und Vorschläge zur Veränderung der Welt anbieten, selbst aber nicht bereit sein, mit meinem Leben dahinter zu stehen. Ich achte darauf, daß meine Gedichte mit mir identisch sind.

Auch das Äußere ist für mich nicht unwichtig. Ich schreibe gern mit einem weichen Bleistift, mit einem Füller oder mit Stiften, die wenig Widerstand bieten, aus denen die Tinte leicht fließt. Früher dachte ich nicht, daß ich je die Erstfassungen von Gedichten auf Computer schreiben würde. Inzwischen tue ich es gern, weil die Vorläufigkeit, mit der ich etwas schreibe, ehe ich es ausdrucke, befreiend auf mich wirkt. Ich kann so spielerischer schreiben. Ich schreibe Datum und Uhrzeit auf die Gedichte und lege sie dann ab. Dann hole ich sie immer wieder einmal vor und überarbeite sie. So werden die Gedichte, hoffe ich, langsam zu Aussagen, die über mein ganz persönliches Leben hinausgehen. Nur wenn die Überarbeitung den Text zu einem ganz neuen oder anderen Text macht, wird das Entstehungsdatum verändert, sonst bleibt das Datum der Erstfassung bestehen. Um den Prozeß des Überarbeitens etwas deutlicher zu machen, habe ich einen Text in der handschriftlichen Originalfassung, in zwei Überarbeitungen und dann in der endgültigen Fassung in diesem Buch abgedruckt. Bei vielen Gedichten gibt es wesentlich mehr Fassungen, ehe ich zufrieden bin. Die allermeisten meiner Gedichte sind bisher nicht veröffentlicht worden.

Manche meiner schönsten und glücklichsten Momente habe ich beim Schreiben und Überarbeiten von Gedichten erlebt.

Inhalt

Ulrich Schaffer
Liebendes Wahrnehmen

112 Seiten, kartoniert, ISBN 3-7831-1005-X

Wer fühlen will, der lese: vom Reichtum, der in Beziehungen zu finden ist, vom tiefen Glück gemeinsamen Erlebens, von der Herausforderung durch die Andersartigkeit des Partners. Bilderreich und einfühlsam sind diese Liebesgedichte: „Wir brauchen Empfindsamkeit und Zuwendung, wir brauchen den zärtlichen Umgang miteinander und mit der Welt, die uns umgibt. Das Leben unseres Planeten hängt daran."

Ulrich Schaffer
Neues umarmen

Für die Mutigen, die ihren Weg suchen

93 Seiten, kartoniert, ISBN 3-7831-0739-3

Ulrich Schaffer hat dies Buch geschrieben „für alle Grenzgänger, für die, deren Leben im Umbruch ist, für die Mutigen, die nach neuen Wegen suchen, wenn die alten unbegehbar geworden sind". Seine dichten, meditativen Texte spielen auf der Grenze zwischen einer traditionellen Art zu glauben und seiner neuen, alternativen Art, Christ zu sein.

Ulrich Schaffer
Die Reise ins eigene Herz

60 Seiten, kartoniert, ISBN 3-7831-0979-5

Der Autor will mit diesen Texten betonen, wieder mit sich selbst, mit den eigenen Bedürfnissen und der eigenen inneren Wirklichkeit in Kontakt zu kommen, anstatt sich diktieren zu lassen, was man glauben, leben und denken sollte.
Ein Appell an alle, die ihr eigenes Leben im Reichtum ihres Herzens und ihres Verstandes leben wollen.

Ulrich Schaffer
Entdecke das Wunder, das du bist
Der Wunsch, wirklich lebendig zu sein

116 Seiten, kartoniert, ISBN 3-7831-0851-9

Ein Buch, das zur inneren Reise in die Tiefe der Erfahrung verlockt. Es ist ein Kaleidoskop des Lebens, das ein Entdecken des Leuchtenden und Weiten im Unscheinbaren und Geringgeschätzten ermöglicht. Es zeigt den Mutigen eine verheißungsvolle und bewohnbare Welt, einen Weg durch die Schmerzen zur Leichtigkeit des Lebens.

Edition Schaffer im Kreuz Verlag

Ulrich Schaffer
Wildnis in uns

72 Seiten mit zahlreichen Farbfotos, gebunden,
ISBN 3-7831-1002-5

Ein großer Respekt vor der natürlichen Welt spricht aus diesem Erlebnisbuch, das in Texten und Bildern von einer Kanufahrt in der Wildnis Canadas erzählt. Ulrich Schaffer beschreibt unsere Sehnsucht nach einem Stück Wildnis, um dem Vorgeformten und Verplanten unseres Lebens zu entkommen. Ein Buch, das zum tieferen Fühlen und Sehen anregt.

Ulrich Schaffer
Wo ich wohne

224 Seiten, kartoniert, ISBN 3-7831-1001-7

In seinem Tagebuch gelingt es Ulrich Schaffer, das Alltägliche in einem neuen Licht zu sehen. Nichts ist unwichtig, auch das Unscheinbare hat seinen Sinn und verändert uns. So kann der Leser den Reichtum seines eigenen Lebens entdecken. Ein Buch, das reich an Einsichten ist.

Edition Schaffer im Kreuz Verlag

Ulrich Schaffer
Chancen der Offenheit

Briefe, die befreien

192 Seiten, kartoniert, ISBN 3-7831-1021-1

Mit diesem Buch werden Leserinnen und Leser ermutigt, selbst Briefe zu schreiben, um ganz spezifische Mißstände im eigenen Leben zu klären und vielleicht hier und da eine Not zu wenden: mit dem Ehepartner, mit den Eltern, mit Freunden und Verwandten.

Ulrich Schaffer
Im Aufwind

80 Seiten, mit zahlreichen Schwarzweißfotos, kartoniert,
ISBN 3-7831-1012-2

Ein Schwarzweißbildband mit Gebeten, die sich direkt und offen den zentralen Fragen des Menschseins widmen. In einer ungewöhnlich bilderreichen Sprache, die sich den Leserinnen und Lesern verständlich-einfühlsam mitteilt, wendet sich der Autor der Sehnsucht nach Geborgenheit, dem Suchen nach Sinn und dem Glück des Findens zu.

Edition Schaffer im Kreuz Verlag

Ulrich Schaffer (geb. 1942) lebt als freier Schriftsteller und Fotograf in Burnaby/Kanada. 1961 bis 1970 Studium der Germanistik und Anglistik an der University of British Columbia und an der Universität Hamburg, 1970 bis 1981 Dozent für europäische Literatur an einem College bei Vancouver. Autor zahlreicher Bücher, die ihn bei einem breiten Publikum bekannt gemacht haben.